BLANDINE BOYER

Magic Cakes

3 IN 1 – DAS NEUE KUCHENGEHEIMNIS

Fotografien
von
EMANUELA
CINO

Edition
Fackelträger

Inhaltsverzeichnis

Zauberkuchen

„Magic cake" oder „Magic custard", in Spanien auch „Pastel inteligente" ...
Niemand kennt die genaue Herkunft des Magic Cakes,
der sich zum Liebling vieler Foodblogs entwickelt hat.
Dem Teig, der die Konsistenz eines Crêpeteigs hat, wird steif geschlagenes
Eiweiß untergehoben. Beim Backen entstehen – auf ganz magische Weise –
drei Teigschichten, die je nach Rezept unterschiedlich dick sind.
Der Kuchenboden ist leicht gebräunt, in der Mitte ist der Teig cremig und
die oberste Schicht erinnert an Biskuit. Ausgehend vom ursprünglichen
Rezept mit Vanille, haben wir diese Zauberformel sowohl um bekannte
Zutaten wie Früchte, Schokolade, Karamell ... erweitert, als auch
unerwartete Kreationen mit Blumenaromen erschaffen. Es gibt auch
Klassiker wie Tiramisu, Nougat, Cheesecake, Crème brulée ... Die Zauberei
funktioniert sogar bei pikanten Variationen, die zum Aperitif gereicht
werden können! Praktische Tipps und Schritt-für-Schritt-Anleitungen
lassen jedes Rezept gelingen.

Praktische Tipps

• **Zum Verrühren der Zutaten eignet sich auch ein Standmixer.** Die Eigelbe mit dem Zucker vermischen und das Mehl kurz einrühren. Die abgekühlte Milch-Butter-Mischung während des Mixens durch die Deckelöffnung hinzugeben.

• Beim Unterheben der steif geschlagenen Eiweiße vorsichtig sein. Der Eischnee darf nicht vollständig verrührt werden. Mit dem Schneebesen nur etwa 10 Sekunden lang unterheben. **Die kleinen weißen Eiweißpartikel müssen noch schweben,** wodurch der Teig flockig aussieht. Die nicht verrührten Eiweißstückchen, die beim Backen nach oben aufsteigen, bilden später die Biskuitschicht.

• **Zum Backen von Magic Cakes keine Umluft verwenden.** Sie werden üblicherweise mit Ober- und Unterhitze gebacken.

• **Die Ofentür darf auf keinen Fall während der ersten 35 Minuten der Backzeit geöffnet werden:** Der Kuchen könnte in sich zusammenfallen.

• **Die Backzeit der Zauberkuchen** variiert je nach Ofen und Backform etwas. Die angegebenen Zeiten sind daher nur Anhaltswerte.

• **Magic Cakes müssen bei Raumtemperatur auskühlen.** Vor dem Lösen aus der Form und dem Anschneiden den Kuchen mindestens 12 Stunden in den Kühlschrank stellen.

• **Den Kuchen nicht stürzen,** mit Ausnahme von einigen Rezepten, bei denen der Kuchen gestürzt hübscher aussieht. Sollten Sie keine Backform mit herausnehmbarem Boden haben, den Kuchen auf eine Frischhaltefolie stürzen, damit seine Oberseite nicht beschädigt wird, und dann wieder herumdrehen.

Schritt für Schritt

Die Backform vorbereiten. Am besten geeignet ist eine Springform mit Silikondichtung: Boden und Rand der Form mit Butter einfetten. Bei Verwendung einer runden oder viereckigen Springform, die keine Dichtung hat, Boden und Rand der Form mit Backpapier auslegen. Bei einer Backform aus Glas die Ränder einfetten und den Boden der Form mit Backpapier auslegen, damit sich der Kuchen leicht aus der Form lösen lässt.

1. Die Butter in Würfel schneiden und mit der Milch in einen Topf geben. Die Milch auf dem Herd oder in der Mikrowelle erhitzen, jedoch nicht aufkochen lassen, und die Butter darin zerlassen. Im Anschluss abkühlen lassen.

2. Die Eier trennen. Die Eigelbe mit Zucker und Vanillepuderzucker (siehe S. 8) zu einer schaumigen Masse verrühren.

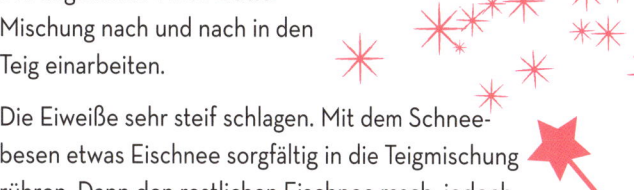

3. Das Mehl sieben und hineinrühren.

4. Die abgekühlte Milch-Butter-Mischung nach und nach in den Teig einarbeiten.

5. Die Eiweiße sehr steif schlagen. Mit dem Schnee-besen etwas Eischnee sorgfältig in die Teigmischung rühren. Dann den restlichen Eischnee rasch, jedoch sehr vorsichtig unterheben. Die kleinen weißen Eiweißpartikel sollten noch schweben und dem Teig ein flockiges Aussehen verleihen. Die Teigmischung in die vorbereitete Backform geben (siehe S. 6).

6. Den Backofen auf 155 °C Ober- und Unterhitze vorheizen. Den Teig 5–10 Minuten in der Backform ruhen lassen, damit sich die Schichten bilden können und dann auf der mittleren Schiene des Backofens ungefähr 50 Minuten backen. Bei einem höheren Kuchen kann die Backzeit auch bis zu 60 Minuten betragen.

7. Den Kuchen aus dem Ofen nehmen, sobald die oberste Schicht des Kuchens gebräunt ist, die Mitte aber noch wie Crème Caramel leicht wackelt. Sollte sich an der Oberfläche des Kuchens eine Art Welle bilden, die Backform sofort wieder in den Ofen zurückstellen! Bei Zimmertemperatur abkühlen lassen und danach mindestens 12 Stunden oder über Nacht in den Kühl-schrank stellen.

Zum Dekorieren

Vanillepuderzucker

150 g Zucker und 4–5 Vanilleschoten (je nach Größe) in einem elektrischen Blitzhacker oder Mixer zu Puderzucker zermahlen und in einem luftdichten Gefäß aufbewahren. Vanille verliert bei der Lagerung ihr Aroma nicht. Für die Herstellung des Zuckers sind auch schon sehr trockene Vanilleschoten geeignet. Wer viel backt, für den lohnt es sich, Vanilleschoten in größeren Mengen zu kaufen. Diese sind auch preiswerter als der sehr teure und nicht immer naturbelassene Vanilleextrakt.

Rosa Zucker

50 g Puderzucker mit 1 EL Grenadine, alternativ Himbeer- oder Erdbeersirup, in einem elektrischen Blitzhacker oder Mixer vermischen. Den feuchten Zucker auf einem saugfähigen Küchenpapier ausbreiten und 2–3 Stunden trocknen lassen. Den Zucker nochmals im Mixer zerkleinern, wenn er sehr feinpulverig sein soll.

Lila Zucker

50 g Puderzucker mit 2 TL Fruchtfleisch (z. B. Schwarze Johannisbeeren, Brombeeren, Blaubeeren) in einem elektrischen Blitzhacker oder Mixer zerkleinern. Den feuchten Zucker auf einem saugfähigen Küchenpapier ausbreiten und 2–3 Stunden trocknen lassen. Den Zucker nochmals im Mixer zerkleinern, wenn er sehr feinpulverig sein soll.

Mojito-Zucker

50 g Puderzucker, 1 TL geriebene Limettenschale und 10 Minzblättern in einem elektrischen Blitzhacker oder Mixer zerkleinern. Den feuchten Zucker auf einem saugfähigen Küchenpapier ausbreiten und 2–3 Stunden trocknen lassen.

Limetten- oder Orangenzucker

50 g Puderzucker mit 1 TL geriebener Limetten- oder Orangenschale in einem elektrischen Blitzhacker oder Mixer zerkleinern. Den feuchten Zucker auf einem saugfähigen Küchenpapier ausbreiten und 2–3 Stunden trocknen lassen. Den Zucker nochmals im Mixer zerkleinern, wenn er sehr feinpulverig sein soll.

Haselnuss- oder Mandel-Krokant

50 g gehackte Haselnüsse oder Mandeln mit 50 g Zucker in einer beschichteten Pfanne unter ständigem Rühren mit einem Holzspachtel etwa 5 Minuten karamellisieren. Danach auf Backpapier verteilen und aushärten lassen. Den Krokant vor dem Servieren über den Kuchen streuen oder die Hälfte bereits vor dem Backen in den Teig geben, damit der Kuchen schön knusprig wird.

Kristallisierte Rosenblätter

1 Eiweiß verquirlen und essbare
Rosenblätter damit bestreichen. Mit Zucker
bestreuen und einige Stunden trocknen lassen.

Apfelchips

Aus einem gewaschenen, aber ungeschälten Apfel das Kerngehäuse
ausstechen und die Frucht in sehr feine Scheiben schneiden. Die
Apfelscheiben auf einem Backblech verteilen und mit 30 g Zucker
bestreuen. Das Backblech unter den Kuchen in den Backofen
schieben und während der Backzeit die Apfelscheiben trocknen
lassen.

Karottenchips

Eine gewaschene, aber ungeschälte Karotte mit einem
Gemüseschäler oder einer Mandoline in sehr feine Streifen
schneiden. Die Karottenstreifen auf einem Backblech verteilen und
mit 30 g Zucker bestreuen. Das Backblech unter den Kuchen in
den Backofen schieben und die Karottenstreifen so lange trocknen
lassen, bis sie knusprig sind.

Zum Servieren

Orangencoulis

200 ml Orangensaft mit 2 gehäuften EL Zucker zum Kochen bringen. 1 TL Maisstärke in 1 EL kaltem Wasser auflösen und einrühren. Sobald der Coulis dickflüssig wird, den Topf vom Herd nehmen und mit dem Schneebesen 25 g Butter unterrühren. Den Orangencoulis kalt servieren.

Himbeercoulis

150 g Himbeeren, 1 EL Puderzucker und den Saft von ½ Zitrone in den Mixer geben. Etwas Wasser und je nach Geschmack noch Zucker hinzugeben, pürieren und durch ein feines Sieb streichen.

Erdbeercoulis

150 g Erdbeeren, 1 EL Puderzucker und den Saft von ½ Zitrone in den Mixer geben. Etwas Wasser und je nach Geschmack noch Zucker hinzugeben und pürieren.

Brombeer- oder Blaubeercoulis

150 g Brombeeren (oder Blaubeeren), 1 EL Puderzucker und den Saft von ½ Zitrone oder Limette in den Mixer geben. Etwas Wasser und je nach Geschmack noch Zucker hinzugeben, pürieren und durch ein feines Sieb streichen. Das übriggebliebene Fruchtfleisch im Sieb ist eine gute Basis für aromatisierten Lila Zucker (siehe S. 8).

Johannisbeercoulis

150 g schwarze Johannisbeeren, 1 EL Zucker und den Saft von ½ Zitrone in den Mixer geben. Etwas Wasser und je nach Geschmack noch Zucker hinzugeben, pürieren und durch ein feines Sieb streichen. Das übriggebliebene Fruchtfleisch im Sieb ist eine gute Basis für aromatisierten Johannisbeerzucker.

Nutella-Coulis

3 EL Nutella mit 3 EL Sahne erwärmen und glatt rühren.

Praliné-Coulis

75 g Praliné-Schokolade in 100 g Sahne zum Schmelzen bringen und verrühren. Den Kuchen auf einem Teller anrichten und mit dem abgekühlten Coulis beträufeln.

Zitronensahne

150 g Sahne mit ½ TL geriebener Zitronenschale und 1 EL Puderzucker steif schlagen.

Frischkäseglasur

150 g Frischkäse mit 2 EL Puderzucker, 50 g geschmolzener Butter und 1 TL Vanillepuderzucker (siehe S. 8) verrühren. Ein wenig Milch hinzugeben, wenn der Kuchen ganz überzogen werden soll.

Schnelles Sorbet

150 g tiefgefrorene rote Beeren (z. B. Erdbeeren, Himbeeren, Johannisbeeren oder Beerenmischung), 2 EL Zucker und 2 EL warmes Wasser im Küchenmixer pürieren. Sofort servieren.

Vanille-Magic

Für 6 Personen

**Zubereitung: 15 Minuten
Backzeit: 50-60 Minuten,
je nach Höhe der
verwendeten Backform
(30 Minuten für Muffin-
oder Minibackformen)
Ruhezeit: mindestens 12 Stunden**

- 115 g Butter
- 500 ml frische Vollmilch
- 4 Eier
- 140 g Zucker
- 1 TL Vanillepuderzucker (siehe S. 8)
- 110 g Mehl

1. Die Butter in Würfel schneiden. Mit der Milch auf dem Herd oder in der Mikrowelle erwärmen, bis die Butter zerlassen ist. Im Anschluss abkühlen lassen.

2. Die Eier trennen. In einer Schüssel Eigelbe, Zucker und Vanillepuderzucker mit dem Handrührer zu einer schaumigen Masse verrühren. Das Mehl hinein-sieben und die abgekühlte Milch-Butter-Mischung nach und nach unterrühren.

3. Die Eiweiße mit dem Handrührgerät in einer separaten Schüssel auf höchster Stufe sehr steif schlagen. Eine kleine Menge Eischnee zum Teig geben und mit dem Schneebesen sorgfältig verrühren. Den restlichen Eischnee vorsichtig, aber rasch unterheben. Den Teig in die vorbereitete Backform gießen (siehe S. 6).

4. Den Backofen auf 155 °C Ober- und Unterhitze (Umluft ist nicht geeignet) vorheizen. Den Teig während der Vorheizphase in der Backform 5-10 Minuten ruhen lassen. Dann 50-60 Minuten im Ofen auf der mittleren Schiene backen. Die Backzeit richtet sich danach, wie hoch die Backform ist.

5. Der Kuchen ist fertig, sobald die oberste Schicht goldbraun ist und die Mitte noch leicht wackelt, wenn man die Backform bewegt. Den Kuchen aus dem Backofen nehmen, unbedingt über Nacht ruhen lassen und erst am nächsten Tag aus der Form lösen und anschneiden.

···

Zum Dekorieren: 30 g Puderzucker mit 1 TL Vanillepuderzucker vermischen und über den Kuchen streuen. Aus Backpapier lassen sich ganz einfach hübsche Schablonen oder Streifen schneiden.

···

Kakao-Magic

Für 6 Personen

Zubereitung: 15 Minuten
Backzeit: 50–60 Minuten,
je nach Höhe der
verwendeten Backform
(30 Minuten für Muffin- oder
Minibackformen)
Ruhezeit: mindestens 12 Stunden

- 115 g Butter
- 500 ml frische Vollmilch
- 4 Eier
- 140 g Zucker
- 90 g Mehl
- 30 g Kakaopulver

1. Die Butter in Würfel schneiden. Mit der Milch auf dem Herd oder in der Mikrowelle erwärmen, bis die Butter zerlassen ist. Im Anschluss abkühlen lassen.

2. Die Eier trennen. In einer Schüssel Eigelbe und Zucker mit dem Handrührgerät zu einer schaumigen Masse verrühren. Mehl und Kakaopulver hineinsieben und die abgekühlte Milch-Butter-Mischung nach und nach unterrühren.

3. Die Eiweiße mit dem Handrührgerät in einer separaten Schüssel auf höchster Stufe sehr steif schlagen. Eine kleine Menge Eischnee zum Teig geben und mit dem Schneebesen sorgfältig verrühren. Den restlichen Eischnee vorsichtig, aber rasch unterheben. Den Teig in die vorbereitete Backform gießen (siehe S. 6).

4. Den Backofen auf 155 °C Ober- und Unterhitze (Umluft ist nicht geeignet) vorheizen. Den Teig während der Vorheizphase in der Backform 5–10 Minuten ruhen lassen. Dann 50–60 Minuten im Ofen auf der mittleren Schiene backen. Die Backzeit richtet sich danach, wie hoch die Backform ist.

5. Der Kuchen ist fertig, sobald die oberste Schicht goldbraun ist und die Mitte noch leicht wackelt, wenn man die Backform bewegt. Den Kuchen aus dem Backofen nehmen, unbedingt über Nacht ruhen lassen und erst am nächsten Tag aus der Form lösen und anschneiden.

....

Zum Dekorieren: gesiebter Kakao, Schokostreusel

....

Himbeer-Magic

1. Die Butter in Würfel schneiden. Mit der Milch auf dem Herd oder in der Mikrowelle erwärmen, bis die Butter zerlassen ist. Im Anschluss abkühlen lassen.

2. Die Eier trennen. In einer Schüssel Eigelbe und Zucker mit dem Handrührgerät zu einer schaumigen Masse verrühren. Das Mehl hineinsieben und die abgekühlte Milch-Butter-Mischung nach und nach unterrühren. Das Himbeeraroma hinzufügen und gut in den Teig einrühren.

3. Die Eiweiße mit dem Handrührgerät in einer separaten Schüssel auf höchster Stufe sehr steif schlagen. Eine kleine Menge Eischnee zum Teig geben und mit dem Schneebesen sorgfältig verrühren. Den restlichen Eischnee vorsichtig, aber rasch unterheben. Den Teig in die vorbereitete Backform gießen (siehe S. 6).

4. Den Backofen auf 155 °C Ober- und Unterhitze (Umluft ist nicht geeignet) vorheizen. Den Teig während der Vorheizphase in der Backform 5–10 Minuten ruhen lassen. Dann 50–60 Minuten im Ofen auf der mittleren Schiene backen. Die Backzeit richtet sich danach, wie hoch die Backform ist.

5. Der Kuchen ist fertig, sobald die oberste Schicht goldbraun ist und die Mitte noch leicht wackelt, wenn man die Backform bewegt. Den Kuchen aus dem Backofen nehmen, unbedingt über Nacht ruhen lassen und erst am nächsten Tag aus der Form lösen und anschneiden.

Idee: Für einen besonderen Effekt 1 kleine Messerspitze rote Lebensmittelfarbe in den Eischnee geben

Zum Dekorieren: frische Himbeeren, Rosa Zucker (siehe S. 8)

Praliné-Magic

Für 6 Personen

Zubereitung: 15 Minuten
Backzeit: 50–60 Minuten,
je nach Höhe der
verwendeten Backform
Ruhezeit: mindestens 12 Stunden

- 90 g Butter
- 500 ml frische Vollmilch
- 100 g Praliné-Schokolade
- 4 Eier
- 100 g Zucker
- 110 g Mehl

1. Die Butter in Würfel schneiden. Mit Milch und Praliné-Schokolade auf dem Herd oder in der Mikrowelle erwärmen, bis Schokolade und Butter zerlassen sind. Im Anschluss abkühlen lassen.

2. Die Eier trennen. In einer Schüssel Eigelbe und Zucker mit dem Handrührgerät zu einer schaumigen Masse verrühren. Das Mehl hineinsieben und die abgekühlte Milch-Schokoladen-Mischung nach und nach unterrühren.

3. Die Eiweiße mit dem Handrührgerät in einer separaten Schüssel auf höchster Stufe sehr steif schlagen. Eine kleine Menge Eischnee zum Teig geben und mit dem Schneebesen sorgfältig verrühren. Den restlichen Eischnee vorsichtig, aber rasch unterheben. Den Teig in die vorbereitete Backform gießen (siehe S. 6).

4. Den Backofen auf 155 °C Ober- und Unterhitze (Umluft ist nicht geeignet) vorheizen. Den Teig während der Vorheizphase in der Backform 5–10 Minuten ruhen lassen. Dann 50–60 Minuten im Ofen auf der mittleren Schiene backen. Die Backzeit richtet sich danach, wie hoch die Backform ist.

5. Der Kuchen ist fertig, sobald die oberste Schicht goldbraun ist und die Mitte noch leicht wackelt, wenn man die Backform bewegt. Den Kuchen aus dem Backofen nehmen, unbedingt über Nacht ruhen lassen und erst am nächsten Tag aus der Form lösen und anschneiden.

....

Zum Dekorieren: gehackte Haselnüsse, Haselnuss- oder Mandel-Krokant (siehe S. 8)

Zum Servieren: Praliné-Coulis (siehe S. 10)

....

Sauerkirsch-Magic

Für 6 Personen

Zubereitung: 15 Minuten
Backzeit: 50–60 Minuten,
je nach Höhe der
verwendeten Backform
Ruhezeit: mindestens 12 Stunden

- 200 g Sauerkirschen (frisch oder tiefgefroren), entsteint
- 50 g Butter
- 500 ml frische Vollmilch
- 4 Eier
- 140 g Zucker
- 1 TL Vanillepuderzucker (siehe S. 8) und/oder 2 EL Orangenblütenwasser (optional)
- 120 g Maismehl (nicht mit Maisstärke zu verwechseln)

ZUM BESTREUEN
- Puderzucker

1. Tiefgefrorene Sauerkirschen in ein Sieb geben, damit die Auftauflüssigkeit ablaufen kann und der Teig dadurch nicht aufgeweicht wird.

2. Die Butter in Würfel schneiden. Mit der Milch auf dem Herd oder in der Mikrowelle erwärmen, bis die Butter zerlassen ist. Im Anschluss abkühlen lassen.

3. Die Eier trennen. In einer Schüssel Eigelbe, Zucker und Vanillepuderzucker oder Orangenblütenwasser mit dem Handrührgerät zu einer schaumigen Masse verrühren. Das Maismehl hineinsieben und die abgekühlte Milch-Butter-Mischung nach und nach unterrühren.

4. Die Eiweiße mit dem Handrührgerät in einer separaten Schüssel auf höchster Stufe sehr steif schlagen. Eine kleine Menge Eischnee zum Teig geben und mit dem Schneebesen sorgfältig verrühren. Den restlichen Eischnee vorsichtig, aber rasch unterheben. Die Hälfte des Teigs in die vorbereitete Backform gießen (siehe S. 6), die Kirschen darauf verteilen und diese mit dem restlichen Teig bedecken.

5. Den Backofen auf 155 °C Ober- und Unterhitze (Umluft ist nicht geeignet) vorheizen. Den Teig während der Vorheizphase in der Backform 5–10 Minuten ruhen lassen. Dann 50–60 Minuten im Ofen auf der mittleren Schiene backen. Die Backzeit richtet sich danach, wie hoch die Backform ist.

6. Der Kuchen ist fertig, sobald die oberste Schicht goldbraun ist und die Mitte noch leicht wackelt, wenn man die Backform bewegt. Den Kuchen aus dem Backofen nehmen, unbedingt über Nacht ruhen lassen und erst am nächsten Tag aus der Form lösen, mit Puderzucker bestreuen und anschneiden.

Zum Servieren:
Malagaeis oder Sauerkirschsorbet

Dieser Kuchen ist eine kleine Verbeugung vor
dem Südwesten Frankreichs. Dort hat der
Zauberkuchen mutmaßlich seine Wurzeln.

Aprikosen-Magic

Für 6 Personen

Zubereitung: 15 Minuten
Backzeit: 50–60 Minuten,
je nach Höhe der
verwendeten Backform
Ruhezeit: mindestens 12 Stunden

- 115 g Butter
- 500 ml frische Vollmilch
- 4 Eier
- 140 g Zucker
- 110 g Mehl
- natürliches Aprikosenaroma (Dosierung für 600 g. Packungshinweise beachten, da die Intensität von Marke zu Marke variiert.)

1. Die Butter in Würfel schneiden. Mit der Milch auf dem Herd oder in der Mikrowelle erwärmen, bis die Butter zerlassen ist. Im Anschluss abkühlen lassen.

2. Die Eier trennen. In einer Schüssel Eigelbe und Zucker mit dem Handrührgerät zu einer schaumigen Masse verrühren. Das Mehl hineinsieben und die abgekühlte Milch-Butter-Mischung nach und nach unterrühren. Das Aprikosenaroma hinzufügen und gut in den Teig einrühren.

3. Die Eiweiße mit dem Handrührgerät in einer separaten Schüssel auf höchster Stufe sehr steif schlagen. Eine kleine Menge Eischnee zum Teig geben und mit dem Schneebesen sorgfältig verrühren. Den restlichen Eischnee vorsichtig, aber rasch unterheben. Den Teig in die vorbereitete Backform gießen (siehe S. 6).

4. Den Backofen auf 155 °C Ober- und Unterhitze (Umluft ist nicht geeignet) vorheizen. Den Teig während der Vorheizphase in der Backform 5–10 Minuten ruhen lassen. Dann 50–60 Minuten im Ofen auf der mittleren Schiene backen. Die Backzeit richtet sich danach, wie hoch die Backform ist.

5. Der Kuchen ist fertig, sobald die oberste Schicht goldbraun ist und die Mitte noch leicht wackelt, wenn man die Backform bewegt. Den Kuchen aus dem Backofen nehmen, unbedingt über Nacht ruhen lassen und erst am nächsten Tag aus der Form lösen und anschneiden.

....

Zum Dekorieren: kleine Aprikosenwürfel, Puderzucker

Zum Servieren: Aprikosenkompott oder Zitronensahne (siehe S. 11)

*Idee: Für einen besonderen Effekt
1 kleine Messerspitze orangefarbene Lebensmittelfarbe
in den Eischnee geben.*

Lila-Magic

Für 6 Personen

**Zubereitung: 15 Minuten
Backzeit: 50-60 Minuten,
je nach Höhe der
verwendeten Backform
(30 Minuten für Muffin-
oder Minibackformen)
Ruhezeit: mindestens 12 Stunden**

• 200 g Brombeeren
oder Heidelbeeren
(vorzugsweise wild gewachsen;
frisch oder tiefgefroren)

• 250 ml frische Vollmilch

• 115 g Butter

• 100 g Sahne

• 4 Eier

• 140 g Zucker

• 1 TL abgeriebene Schale
von 1 unbehandelten Zitrone
oder Limette

• 110 g Mehl

1. Die Früchte mit der Milch in einem Mixer pürieren und durch ein feines Sieb streichen.

2. Die Butter in Würfel schneiden. Mit Fruchtmilch und Sahne auf dem Herd oder in der Mikrowelle erwärmen, bis die Butter zerlassen ist. Im Anschluss abkühlen lassen.

3. Die Eier trennen. In einer Schüssel Eigelbe, Zucker und Zitronenschale mit dem Handrührgerät zu einer schaumigen Masse verrühren. Das Mehl hineinsieben und die abgekühlte Fruchtmischung nach und nach unterrühren.

4. Die Eiweiße mit dem Handrührgerät in einer separaten Schüssel auf höchster Stufe sehr steif schlagen. Eine kleine Menge Eischnee zum Teig geben und mit dem Schneebesen sorgfältig verrühren. Den restlichen Eischnee vorsichtig, aber rasch unterheben. Den Teig in die vorbereitete Backform gießen (siehe S. 6).

5. Den Backofen auf 155 °C Ober- und Unterhitze (Umluft ist nicht geeignet) vorheizen. Den Teig während der Vorheizphase in der Backform 5-10 Minuten ruhen lassen. Dann 50-60 Minuten im Ofen auf der mittleren Schiene backen. Die Backzeit richtet sich danach, wie hoch die Backform ist.

6. Der Kuchen ist fertig, sobald die oberste Schicht goldbraun ist und die Mitte noch leicht wackelt, wenn man die Backform bewegt. Den Kuchen aus dem Backofen nehmen, unbedingt über Nacht ruhen lassen und erst am nächsten Tag aus der Form lösen und anschneiden.

....

Zum Dekorieren: frische Früchte, Puderzucker, Lila Zucker (siehe S. 8)

Zum Servieren: Blaubeercoulis (siehe S. 10)

....

*Idee: Für einen besonderen Effekt
1 kleine Messerspitze lila Lebensmittelfarbe
in den Eischnee geben.*

Cappuccino-Magic

Für 6 Personen

Zubereitung: 15 Minuten
Backzeit: 50–60 Minuten,
je nach Höhe der
verwendeten Backform
(30 Minuten für Muffin- oder
Minibackformen)
Ruhezeit: mindestens 12 Stunden

- 115 g Butter
- 500 ml frische Vollmilch
- 4 Eier
- 140 g Zucker
- 2 EL Instantkaffee
- 110 g Mehl

1. Die Butter in Würfel schneiden. Mit der Milch auf dem Herd oder in der Mikrowelle erwärmen, bis die Butter zerlassen ist. Im Anschluss abkühlen lassen.

2. Die Eier trennen. In einer Schüssel Eigelbe, Zucker und Instantkaffee mit dem Handrührgerät zu einer schaumigen Masse verrühren. Das Mehl hineinsieben und die abgekühlte Milch-Butter-Mischung nach und nach unterrühren.

3. Die Eiweiße mit dem Handrührgerät in einer separaten Schüssel auf höchster Stufe sehr steif schlagen. Eine kleine Menge Eischnee zum Teig geben und mit dem Schneebesen sorgfältig verrühren. Den restlichen Eischnee vorsichtig, aber rasch unterheben. Den Teig in die vorbereitete Backform gießen (siehe S. 6).

4. Den Backofen auf 155 °C Ober- und Unterhitze (Umluft ist nicht geeignet) vorheizen. Den Teig während der Vorheizphase in der Backform 5–10 Minuten ruhen lassen. Dann 50–60 Minuten im Ofen auf der mittleren Schiene backen. Die Backzeit richtet sich danach, wie hoch die Backform ist.

5. Der Kuchen ist fertig, sobald die oberste Schicht goldbraun ist und die Mitte noch leicht wackelt, wenn man die Backform bewegt. Den Kuchen aus dem Backofen nehmen, unbedingt über Nacht ruhen lassen und erst am nächsten Tag aus der Form lösen und anschneiden.

Zum Dekorieren: Sahne und Kakaopulver, gehackte Kaffeeschokolade

Zum Servieren:
Sahne,
Johannisbeercoulis (siehe S. 10)

Rote-Beeren-Magic

Für 6 Personen

**Zubereitung: 15 Minuten
Backzeit: 50–60 Minuten,
je nach Höhe der
verwendeten Backform
Ruhezeit: mindestens 12 Stunden**

• 200 g rote Beerenmischung oder Johannisbeeren (frisch oder tiefgefroren)

• 115 g Butter

• 500 ml frische Vollmilch

• 4 Eier

• 140 g Zucker

• 1 TL abgeriebene Schale von 1 unbehandelten Zitrone

• 110 g Mehl

• natürliches Veilchenaroma (Dosierung für 120 g. Packungshinweise beachten, da die Intensität von Marke zu Marke variiert.)

1. Tiefgefrorene Beeren in ein Sieb geben, damit die Auftauflüssigkeit ablaufen kann und der Teig dadurch nicht aufgeweicht wird.

2. Die Butter in Würfel schneiden. Mit der Milch auf dem Herd oder in der Mikrowelle erwärmen, bis die Butter zerlassen ist. Im Anschluss abkühlen lassen.

3. Die Eier trennen. In einer Schüssel Eigelbe, Zucker und Zitronenschale mit dem Handrührgerät zu einer schaumigen Masse verrühren. Das Mehl hineinsieben und die abgekühlte Milch-Butter-Mischung nach und nach unterrühren.

4. Die Eiweiße mit dem Handrührgerät in einer weiteren Schüssel sehr steif schlagen und das Veilchenaroma hinzufügen. Eine kleine Menge Eischnee zum Teig geben und mit dem Schneebesen sorgfältig verrühren. Den restlichen Eischnee vorsichtig, aber rasch unterheben. Die Hälfte des Teigs in die vorbereitete Backform gießen (siehe S. 6), die Beeren darauf verteilen und diese mit dem restlichen Teig bedecken.

5. Den Backofen auf 155 °C Ober- und Unterhitze (Umluft ist nicht geeignet) vorheizen. Den Teig während der Vorheizphase in der Backform 5–10 Minuten ruhen lassen. Dann 50–60 Minuten im Ofen auf der mittleren Schiene backen.

6. Der Kuchen ist fertig, sobald die oberste Schicht goldbraun ist und die Mitte noch leicht wackelt, wenn man die Backform bewegt. Den Kuchen aus dem Backofen nehmen, unbedingt über Nacht ruhen lassen und erst am nächsten Tag aus der Form lösen und anschneiden.

....

Zum Dekorieren: rote Beeren, Blütenblätter von essbaren Blumen, Schwarzer Johannisbeerzucker (siehe S. 8)

....

Cheesecake-Magic

Für 6 Personen
Zubereitung: 15 Minuten
Backzeit: 50–60 Minuten,
je nach Höhe der
verwendeten Backform
Ruhezeit: mindestens 12 Stunden

- 115 g Butter
- 400 ml frische Vollmilch
- 4 Eier
- 140 g Zucker
- 200 g Frischkäse (Doppelrahmstufe)
- 1 TL Vanillepuderzucker (siehe S. 8)
- 1 TL abgeriebene Schale von 1 unbehandelten Zitrone
- 90 g Mehl

ZUM GARNIEREN
- 250 g Erdbeeren
- 3 Biskuits oder Kekse, mit einem Nudelholz zerkleinern

1. Die Butter in Würfel schneiden. Mit der Milch auf dem Herd oder in der Mikrowelle erwärmen, bis die Butter zerlassen ist. Im Anschluss abkühlen lassen.

2. Die Eier trennen. In einer Schüssel Eigelbe, Zucker, Frischkäse, Vanillepuderzucker und Zitronenschale mit dem Handrührgerät zu einer schaumigen Masse verrühren. Das Mehl hineinsieben und die abgekühlte Milch-Butter-Mischung nach und nach unterrühren.

3. Die Eiweiße mit dem Handrührgerät in einer separaten Schüssel auf höchster Stufe sehr steif schlagen. Eine kleine Menge Eischnee zum Teig geben und mit dem Schneebesen sorgfältig verrühren. Den restlichen Eischnee vorsichtig, aber rasch unterheben. Den Teig in die vorbereitete Backform gießen (siehe S. 6).

4. Den Backofen auf 155 °C Ober- und Unterhitze (Umluft ist nicht geeignet) vorheizen. Den Teig während der Vorheizphase in der Backform 5–10 Minuten ruhen lassen. Dann 50–60 Minuten im Ofen auf der mittleren Schiene backen. Die Backzeit richtet sich danach, wie hoch die Backform ist.

5. Der Kuchen ist fertig, sobald die oberste Schicht goldbraun ist und die Mitte noch leicht wackelt, wenn man die Backform bewegt. Den Kuchen aus dem Backofen nehmen und unbedingt über Nacht ruhen lassen.

6. Am nächsten Tag die Erdbeeren kurz abbrausen, trocken tupfen und halbieren. Den Kuchen aus der Form lösen, mit den Biskuitbröseln bestreuen und mit den Erdbeeren garnieren.

Zum Dekorieren: Minzblätter

Zum Servieren:
Erdbeercoulis (siehe S. 10)

Angel-Cake-Magic

Für 6 Personen
Zubereitung: 15 Minuten
Backzeit: 50–60 Minuten,
je nach Höhe der
verwendeten Backform
Ruhezeit: mindestens 12 Stunden

- 140 g weiße Schokolade
- 500 ml frische Vollmilch
- 80 g Butter
- 110 g Mehl
- 4 Eiweiß
- 80 g Zucker
- 30 g Puderzucker

1. Schokolade, Milch und Butter auf dem Herd oder in der Mikrowelle erwärmen, bis die Butter zerlassen ist. Im Anschluss abkühlen lassen. Das Mehl mit einem Stabmixer oder Handrührgerät einrühren.

2. Die Eiweiße mit dem Handrührgerät in einer separaten Schüssel auf höchster Stufe sehr steif schlagen. Sobald die Masse an Volumen zunimmt, den Zucker langsam einrieseln lassen. Eine kleine Menge Eischnee zum Teig geben und mit dem Schneebesen sorgfältig verrühren. Den restlichen Eischnee vorsichtig, aber rasch unterheben. Den Teig in die vorbereitete Backform gießen (siehe S. 6) und mit Puderzucker bestreuen.

3. Den Backofen auf 155 °C Ober- und Unterhitze (Umluft ist nicht geeignet) vorheizen. Den Teig während der Vorheizphase in der Backform 5–10 Minuten ruhen lassen. Dann 50–60 Minuten im Ofen auf der mittleren Schiene backen. Die Backzeit richtet sich danach, wie hoch die Backform ist.

4. Der Kuchen ist fertig, sobald die oberste Schicht goldbraun ist und die Mitte noch leicht wackelt, wenn man die Backform bewegt. Den Kuchen aus dem Backofen nehmen und unbedingt über Nacht ruhen lassen. Am nächsten Tag aus der Form lösen – den Kuchen aber nicht stürzen, da er sehr empfindlich ist – und anschneiden.

....

Zum Dekorieren: Weiße Schokoladenstreusel

Zum Servieren: Rote-Beeren-Sorbet, gekauft oder selbst gemacht (siehe S. 11)

....

Nutella-Magic mit Kokos

Für 6 Personen

Zubereitung: 15 Minuten
Backzeit: 50–60 Minuten,
je nach Höhe der
verwendeten Backform
Ruhezeit: mindestens 12 Stunden

- 100 g Butter
- 500 ml frische Vollmilch
- 4 Eier
- 80 g Zucker
- 120 g Nutella
- 110 g Mehl
- 60 g Kokosraspel

1. Die Butter in Würfel schneiden. Mit der Milch auf dem Herd oder in der Mikrowelle erwärmen, bis die Butter zerlassen ist. Im Anschluss abkühlen lassen.

2. Die Eier trennen. In einer Schüssel Eigelbe, Zucker und Nutella mit dem Handrührgerät zu einer schaumigen Masse verrühren. Das Mehl hineinsieben und die abgekühlte Milch-Butter-Mischung nach und nach unterrühren.

3. Die Eiweiße mit dem Handrührgerät in einer separaten Schüssel auf höchster Stufe sehr steif schlagen. Die Kokosraspel mit einem Teigschaber unterziehen. Eine kleine Menge Eischnee zum Teig geben und mit dem Schneebesen sorgfältig verrühren. Den restlichen Eischnee vorsichtig, aber rasch unterheben. Den Teig in die vorbereitete Backform gießen (siehe S. 6).

4. Den Backofen auf 155 °C Ober- und Unterhitze (Umluft ist nicht geeignet) vorheizen. Den Teig während der Vorheizphase in der Backform 5–10 Minuten ruhen lassen. Dann 50–60 Minuten im Ofen auf der mittleren Schiene backen. Die Backzeit richtet sich danach, wie hoch die Backform ist.

5. Der Kuchen ist fertig, sobald die oberste Schicht goldbraun ist und die Mitte noch leicht wackelt, wenn man die Backform bewegt. Den Kuchen aus dem Backofen nehmen, unbedingt über Nacht ruhen lassen und erst am nächsten Tag aus der Form lösen und anschneiden.

....

Zum Dekorieren: Kokosraspel, feine Mangoscheiben oder Mangowürfel

Zum Servieren: Nutella-Coulis (siehe S. 10)

....

Limetten-Magic

Für 6 Personen

Zubereitung: 15 Minuten
Backzeit: 50–60 Minuten,
je nach Höhe der
verwendeten Backform
Ruhezeit: mindestens 12 Stunden

- 115 g Butter
- 500 ml frische Vollmilch
- 4 Eier
- 240 g gesüßte Kondensmilch
- Saft und abgeriebene Schale von 2 unbehandelten Limetten
- 110 g Mehl

1. Die Butter in Würfel schneiden. Mit der Milch auf dem Herd oder in der Mikrowelle erwärmen, bis die Butter zerlassen ist. Im Anschluss abkühlen lassen.

2. Die Eier trennen. In einer Schüssel Eigelbe, Kondensmilch, Limettensaft und Limettenschale mit dem Handrührgerät zu einer schaumigen Masse verrühren. Das Mehl hineinsieben und die abgekühlte Milch-Butter-Mischung nach und nach unterrühren.

3. Die Eiweiße mit dem Handrührgerät in einer separaten Schüssel auf höchster Stufe sehr steif schlagen. Eine kleine Menge Eischnee zum Teig geben und mit dem Schneebesen sorgfältig verrühren. Den restlichen Eischnee vorsichtig, aber rasch unterheben. Den Teig in die vorbereitete Backform gießen (siehe S. 6).

4. Den Backofen auf 155 °C Ober- und Unterhitze (Umluft ist nicht geeignet) vorheizen. Den Teig während der Vorheizphase in der Backform 5–10 Minuten ruhen lassen. Dann 50–60 Minuten im Ofen auf der mittleren Schiene backen. Die Backzeit richtet sich danach, wie hoch die Backform ist.

5. Der Kuchen ist fertig, sobald die oberste Schicht goldbraun ist und die Mitte noch leicht wackelt, wenn man die Backform bewegt. Den Kuchen aus dem Backofen nehmen, unbedingt über Nacht ruhen lassen und erst am nächsten Tag aus der Form lösen und anschneiden.

....

Zum Dekorieren: Sahne, feine Limettenscheiben
oder abgeriebene Limettenschale, Limettenzucker (siehe S. 8)

....

Variante:
Die fein gemahlenen Pistazien können durch fein gemahlene Haselnüsse
und die gehackten Pistazien durch gehackte Haselnüsse ersetzt werden.

Pistazien-Magic

Für 6 Personen

Zubereitung: 15 Minuten
Backzeit: 50–60 Minuten,
je nach Höhe der
verwendeten Backform
Ruhezeit: mindestens 12 Stunden

- 115 g Butter
- 500 ml frische Vollmilch
- 4 Eier
- 140 g Zucker
- 80 g Mehl
- 40 g Pistazien, fein gemahlen
- 1 Msp. pistaziengrüne Lebensmittelfarbe in Pulverform (optional)

1. Die Butter in Würfel schneiden. Mit der Milch auf dem Herd oder in der Mikrowelle erwärmen, bis die Butter zerlassen ist. Im Anschluss abkühlen lassen.

2. Die Eier trennen. In einer Schüssel Eigelbe und Zucker zu einer schaumigen Masse verrühren. Das Mehl mit den fein gemahlenen Pistazien vermischen und in den Teig rühren. Die abgekühlte Milch-Butter-Mischung nach und nach unterrühren und die Lebensmittelfarbe hinzufügen.

3. Die Eiweiße mit dem Handrührgerät in einer separaten Schüssel auf höchster Stufe sehr steif schlagen. Eine kleine Menge Eischnee zum Teig geben und mit dem Schneebesen sorgfältig verrühren. Den restlichen Eischnee vorsichtig, aber rasch unterheben. Den Teig in die vorbereitete Backform gießen (siehe S. 6).

4. Den Backofen auf 155 °C Ober- und Unterhitze (Umluft ist nicht geeignet) vorheizen. Den Teig während der Vorheizphase in der Backform 5–10 Minuten ruhen lassen. Dann 50–60 Minuten im Ofen auf der mittleren Schiene backen. Die Backzeit richtet sich danach, wie hoch die Backform ist.

5. Der Kuchen ist fertig, sobald die oberste Schicht goldbraun ist und die Mitte noch leicht wackelt, wenn man die Backform bewegt. Den Kuchen aus dem Backofen nehmen, unbedingt über Nacht ruhen lassen und erst am nächsten Tag aus der Form lösen und anschneiden.

....

Zum Dekorieren: gehackte Pistazien und Puderzucker

....

Matcha-Magic

Für 6 Personen

Zubereitung: 15 Minuten
Backzeit: 50–60 Minuten,
je nach Höhe der
verwendeten Backform
Ruhezeit: mindestens 12 Stunden

- 115 g Butter
- 500 ml frische Vollmilch
- 4 Eier
- 140 g Zucker
- 110 g Mehl
- 2½ EL Matcha
- 1 Msp. hellgrüne Lebensmittelfarbe in Pulverform (optional)
- 1½ EL schwarze Sesamsamen (optional)

1. Die Butter in Würfel schneiden. Mit der Milch auf dem Herd oder in der Mikrowelle erwärmen, bis die Butter zerlassen ist. Im Anschluss abkühlen lassen.

2. Die Eier trennen. In einer Schüssel Eigelbe und Zucker mit dem Handrührgerät zu einer schaumigen Masse verrühren. Mehl und Matcha hineinsieben und die abgekühlte Milch-Butter-Mischung nach und nach unterrühren. Soll der Teig noch etwas mehr Farbe bekommen, die Lebensmittelfarbe hinzufügen und gut verrühren.

3. Die Eiweiße mit dem Handrührgerät in einer separaten Schüssel auf höchster Stufe sehr steif schlagen. Eine kleine Menge Eischnee zum Teig geben und mit dem Schneebesen sorgfältig verrühren. Den restlichen Eischnee vorsichtig, aber rasch unterheben. Den Teig in die vorbereitete Backform gießen (siehe S. 6).

4. Den Backofen auf 155 °C Ober- und Unterhitze (Umluft ist nicht geeignet) vorheizen. Den Teig während der Vorheizphase in der Backform 5–10 Minuten ruhen lassen. Die Sesamsamen darüberstreuen und dann 50–60 Minuten im Ofen auf der mittleren Schiene backen. Die Backzeit richtet sich danach, wie hoch die Backform ist.

5. Der Kuchen ist fertig, sobald die oberste Schicht goldbraun ist und die Mitte noch leicht wackelt, wenn man die Backform bewegt. Den Kuchen aus dem Backofen nehmen, unbedingt über Nacht ruhen lassen und erst am nächsten Tag aus der Form lösen und anschneiden.

....

Zum Dekorieren: gesiebter Puderzucker und Matcha zu gleichen Teilen

....

Tiramisu-Magic

Für 6 Personen

Zubereitung: 15 Minuten
Backzeit: 50–60 Minuten,
je nach Höhe der
verwendeten Backform
Ruhezeit: mindestens 12 Stunden

- 115 g Butter
- 500 ml frische Vollmilch
- 4 Eier
- 140 g Zucker
- 200 g Mascarpone
- 3 EL Kaffeelikör
- 100 g Mehl

ZUM BESTREUEN
- 2 EL Kakaopulver
- 2 EL Instantkaffee

1. Die Butter in Würfel schneiden. Mit der Milch auf dem Herd oder in der Mikrowelle erwärmen, bis die Butter zerlassen ist. Im Anschluss abkühlen lassen.

2. Die Eier trennen. In einer Schüssel Eigelbe, Zucker, Mascarpone und Kaffeelikör mit dem Handrührgerät zu einer schaumigen Masse verrühren. Das Mehl hineinsieben und die abgekühlte Milch-Butter-Mischung nach und nach unterrühren.

3. Die Eiweiße mit dem Handrührgerät in einer separaten Schüssel auf höchster Stufe sehr steif schlagen. Eine kleine Menge Eischnee zum Teig geben und mit dem Schneebesen sorgfältig verrühren. Den restlichen Eischnee vorsichtig, aber rasch unterheben. Den Teig in die vorbereitete Backform gießen (siehe S. 6).

4. Den Backofen auf 155 °C Ober- und Unterhitze (Umluft ist nicht geeignet) vorheizen. Den Teig während der Vorheizphase in der Backform 5–10 Minuten ruhen lassen. Dann 50–60 Minuten im Ofen auf der mittleren Schiene backen. Die Backzeit richtet sich danach, wie hoch die Backform ist.

5. Der Kuchen ist fertig, sobald die oberste Schicht goldbraun ist und die Mitte noch leicht wackelt, wenn man die Backform bewegt. Den Kuchen aus dem Backofen nehmen, unbedingt über Nacht ruhen lassen und erst am nächsten Tag aus der Form lösen und anschneiden.

6. Kurz vor dem Servieren das Kakaopulver mit dem Instantkaffee vermischen und über den Kuchen streuen.

Piña-Colada-Magic

Für 6 Personen

Zubereitung: 15 Minuten
Backzeit: 50–60 Minuten,
je nach Höhe der
verwendeten Backform
Ruhezeit: mindestens 12 Stunden

- 90 g Zucker
- 5–6 Scheiben Ananas (frisch oder aus der Dose)
- 115 g Butter
- 100 ml frische Vollmilch
- 400 ml Kokosmilch
- 4 Eier
- 120 g brauner Zucker
- 2 EL Kokoslikör (optional)
- 110 g Mehl

1. In einem Topf mit einem dicken Boden 3 EL Wasser erhitzen, den Zucker hinzugeben und karamellisieren. Das Karamell, wenn es eine mahagonibraune Farbe angenommen hat, in eine vorbereitete Backform (siehe S. 6) gießen und die Ananasscheiben darauf verteilen.

2. Die Butter in Würfel schneiden. Mit Milch und Kokosmilch auf dem Herd oder in der Mikrowelle erwärmen, bis die Butter zerlassen ist. Im Anschluss abkühlen lassen.

3. Die Eier trennen. In einer Schüssel Eigelbe, braunen Zucker und Kokoslikör mit dem Handrührgerät zu einer schaumigen Masse verrühren. Das Mehl hineinsieben und die abgekühlte Milch-Butter-Mischung nach und nach unterrühren.

4. Die Eiweiße mit dem Handrührgerät in einer separaten Schüssel auf höchster Stufe sehr steif schlagen. Eine kleine Menge Eischnee zum Teig geben und mit dem Schneebesen sorgfältig verrühren. Den restlichen Eischnee vorsichtig, aber rasch unterheben. Den Teig über die Ananasscheiben in die Backform gießen.

5. Den Backofen auf 155 °C Ober- und Unterhitze (Umluft ist nicht geeignet) vorheizen. Den Teig während der Vorheizphase in der Backform 5–10 Minuten ruhen lassen. Dann 50–60 Minuten im Ofen auf der mittleren Schiene backen. Die Backzeit richtet sich danach, wie hoch die Backform ist.

6. Der Kuchen ist fertig, sobald die oberste Schicht goldbraun ist und die Mitte noch leicht wackelt, wenn man die Backform bewegt. Den Kuchen aus dem Backofen nehmen, unbedingt über Nacht ruhen lassen und erst am nächsten Tag aus der Form stürzen und anschneiden.

Zum Dekorieren: 50 g Kokosraspel (frisch oder 15 Minuten in der Pfanne geröstet)

*Zum Servieren: 200 ml Kokoscreme, 1 EL Puderzucker und
1 Prise frisch geriebene Muskatnuss zu Sahne steif schlagen*

Apfel-Magic mit Ahornsirup

Für 6 Personen

Zubereitung: 15 Minuten
Backzeit: 50–60 Minuten,
je nach Höhe der
verwendeten Backform
Ruhezeit: mindestens 12 Stunden

- 115 g Butter
- 500 ml frische Vollmilch
- 4 Eier
- 100 g brauner Zucker
- 110 g Mehl

FÜR DIE ÄPFEL
- 3 Äpfel
- 30 g Butter
- Zimt, vorzugsweise frisch gerieben (optional)
- 100 g Ahornsirup

1. Die Butter in Würfel schneiden. Mit der Milch auf dem Herd oder in der Mikrowelle erwärmen, bis die Butter zerlassen ist. Im Anschluss abkühlen lassen.

2. Die Eier trennen. In einer Schüssel Eigelbe und braunen Zucker mit dem Handrührgerät zu einer schaumigen Masse verrühren. Das Mehl hineinsieben und die abgekühlte Milch-Butter-Mischung nach und nach unterrühren.

3. Die Eiweiße mit dem Handrührgerät in einer separaten Schüssel auf höchster Stufe sehr steif schlagen. Eine kleine Menge Eischnee zum Teig geben und mit dem Schneebesen sorgfältig verrühren. Den restlichen Eischnee vorsichtig, aber rasch unterheben. Den Teig in die vorbereitete Backform gießen (siehe S. 6).

4. Den Backofen auf 155 °C Ober- und Unterhitze (Umluft ist nicht geeignet) vorheizen. Die Äpfel waschen, schälen, das Kerngehäuse entfernen und das Fruchtfleisch in Würfel schneiden. Mit Butter und Zimt in einer Pfanne mit dickem Boden bei starke Hitze 2 Minuten goldbraun braten. Die Apfelwürfel herausnehmen, den Ahornsirup in die Pfanne gießen und karamellisieren. Die Pfanne vom Herd nehmen und die Apfelwürfel in das Karamell einrühren. Die Apfel-Karamell-Mischung über dem Teig verteilen.

5. Den Kuchen 50–60 Minuten im Ofen auf der mittleren Schiene backen. Die Backzeit richtet sich danach, wie hoch die Backform ist.

6. Der Kuchen ist fertig, sobald die oberste Schicht goldbraun ist und die Mitte noch leicht wackelt, wenn man die Backform bewegt. Den Kuchen aus dem Backofen nehmen, unbedingt über Nacht ruhen lassen und erst am nächsten Tag aus der Form lösen und anschneiden.

Zum Dekorieren:
2 TL gemahlenen Zimt
mit 2 EL Puderzucker mischen.
Apfelchips (siehe S. 9)

Zum Servieren:
150 g Sahne, ½ TL frisch geriebenen Ingwer
und 1 EL Puderzucker steif schlagen

Passionsfrucht-Magic mit Limette

Für 6 Personen

Zubereitung: 15 Minuten
Backzeit: 50–60 Minuten,
je nach Höhe der
verwendeten Backform
(30 Minuten für Muffin- oder
Minibackformen)
Ruhezeit: mindestens 12 Stunden

- 115 g Butter
- 450 ml frische Vollmilch
- 4 Eier
- 140 g Zucker
- 1 TL abgeriebene Schale von 1 unbehandelten Limette
- Saft von 1 Limette (nach Abrieb der Schale gepresst)
- 4–5 mittelgroße Passionsfrüchte, Kerne aus dem Fruchtfleisch gesiebt
- 110 g Mehl

1. Die Butter in Würfel schneiden. Mit der Milch auf dem Herd oder in der Mikrowelle erwärmen, bis die Butter zerlassen ist. Im Anschluss abkühlen lassen.

2. Die Eier trennen. In einer Schüssel Eigelbe, Zucker, Limettenschale und Limettensaft mit dem Handrührgerät zu einer schaumigen Masse verrühren. Das Fruchtfleisch der Passionsfrüchte einrühren. Das Mehl hineinsieben und die abgekühlte Milch-Butter-Mischung nach und nach unterrühren.

3. Die Eiweiße mit dem Handrührgerät in einer separaten Schüssel auf höchster Stufe sehr steif schlagen. Eine kleine Menge Eischnee zum Teig geben und mit dem Schneebesen sorgfältig verrühren. Den restlichen Eischnee vorsichtig, aber rasch unterheben. Den Teig in die vorbereitete Backform gießen (siehe S. 6).

4. Den Backofen auf 155 °C Ober- und Unterhitze (Umluft ist nicht geeignet) vorheizen. Den Teig während der Vorheizphase in der Backform 5–10 Minuten ruhen lassen. Dann 50–60 Minuten im Ofen auf der mittleren Schiene backen. Die Backzeit richtet sich danach, wie hoch die Backform ist.

5. Der Kuchen ist fertig, sobald die oberste Schicht goldbraun ist und die Mitte noch leicht wackelt, wenn man die Backform bewegt. Den Kuchen aus dem Backofen nehmen, unbedingt über Nacht ruhen lassen und erst am nächsten Tag aus der Form lösen und anschneiden.

....

Zum Dekorieren: Limettenzucker (siehe S. 8)

....

Crème-brulée-Magic

Für 6 Personen
Zubereitung: 15 Minuten
Backzeit: 50–60 Minuten,
je nach Höhe der
verwendeten Backform
Ruhezeit: mindestens 12 Stunden

- 115 g Butter
- 300 ml frische Vollmilch
- 200 g Sahne
- 4 Eier
- 120 g Zucker
- 1 TL Vanillepuderzucker (siehe S. 8)
- 110 g Mehl

ZUM KARAMELLISIEREN
- 70 g brauner Zucker

1. Die Butter in Würfel schneiden. Mit Milch und Sahne auf dem Herd oder in der Mikrowelle erwärmen, bis die Butter zerlassen ist. Im Anschluss abkühlen lassen.

2. Die Eier trennen. In einer Schüssel Eigelbe, Zucker und Vanillepuderzucker mit dem Handrührgerät zu einer schaumigen Masse verrühren. Das Mehl hineinsieben und die abgekühlte Milchmischung nach und nach unterrühren.

3. Die Eiweiße mit dem Handrührgerät in einer separaten Schüssel auf höchster Stufe sehr steif schlagen. Eine kleine Menge Eischnee zum Teig geben und mit dem Schneebesen sorgfältig verrühren. Den restlichen Eischnee vorsichtig, aber rasch unterheben. Den Teig in die vorbereitete Backform gießen (siehe S. 6).

4. Den Backofen auf 155 °C Ober- und Unterhitze (Umluft ist nicht geeignet) vorheizen. Den Teig während der Vorheizphase in der Backform 5–10 Minuten ruhen lassen. Dann 50–60 Minuten im Ofen auf der mittleren Schiene backen. Die Backzeit richtet sich danach, wie hoch die Backform ist.

5. Der Kuchen ist fertig, sobald die oberste Schicht goldbraun ist und die Mitte noch leicht wackelt, wenn man die Backform bewegt. Den Kuchen aus dem Backofen nehmen und unbedingt über Nacht ruhen lassen.

6. Am nächsten Tag den Kuchen kurz vor dem Servieren aus der Form lösen – aber ohne ihn zu stürzen. Mit braunem Zucker bestreuen und diesen mit einem Flambierbrenner karamellisieren oder den Kuchen einige Minuten unter den heißen Grill des Ofens stellen.

Variante mit Kaffee:
Vanillepuderzucker
durch 2 EL Instantkaffee
ersetzen

Variante mit Schokolade:
Vanillepuderzucker durch 1 EL Kakao
ersetzen, dann aber nur 100 g Mehl
verwenden und beides sieben

Bananentoffee-Magic

Für 6 Personen

Zubereitung: 15 Minuten
Backzeit: 50–60 Minuten,
je nach Höhe der
verwendeten Backform
Ruhezeit: mindestens 12 Stunden

- 90 g Zucker
- 3 EL Sahne
- 2 Bananen, geschält (etwa 200 g)
- 115 g Butter, in Würfel geschnitten
- 600 ml frische Vollmilch
- 4 Eier
- 100 g brauner Zucker
- 100 g Mehl
- Fleur de Sel

1. In einem schweren Topf 3 EL Wasser erhitzen, den Zucker hinzugeben und mahagonibraun karamellisieren. Den Topf vom Herd nehmen und die Sahne hinzugießen. Den Topf wieder auf den Herd stellen, mit einem Schneebesen gut umrühren und ½ TL Fleur de Sel hinzufügen. Das Karamell abkühlen lassen. Eventuell entstandene Klümpchen mit einem Stabmixer verrühren.

2. Die Bananen in Scheiben schneiden. Die Butter mit der Milch auf dem Herd oder in der Mikrowelle erwärmen, bis die Butter zerlassen ist. Abkühlen lassen. Die Bananenscheiben dazugeben und mit dem Mixer pürieren.

3. Die Eier trennen. In einer Schüssel Eigelbe und braunen Zucker zu einer schaumigen Masse verrühren. Das Mehl hineinsieben und die abgekühlte Bananen-Milch-Mischung nach und nach unterrühren.

4. Die Eiweiße in einer weiteren Schüssel sehr steif schlagen. Eine kleine Menge Eischnee zum Teig geben und mit dem Schneebesen sorgfältig verrühren. Den restlichen Eischnee vorsichtig, aber rasch unterheben. Den Teig bis auf zwei Schöpfkellen in die vorbereitete Form geben (siehe S. 6). Das Karamell in den verbliebenen Teig einrühren und den nun farbigen Teig in Ranken oder Spiralen auf der Kuchenoberfläche verteilen.

5. Den Backofen auf 155 °C Ober- und Unterhitze (Umluft ist nicht geeignet) vorheizen. Den Teig während der Vorheizphase in der Backform 5–10 Minuten ruhen lassen. Dann 50–60 Minuten im Ofen auf der mittleren Schiene backen.

6. Der Kuchen ist fertig, sobald die oberste Schicht goldbraun ist und die Mitte noch leicht wackelt, wenn man die Backform bewegt. Den Kuchen aus dem Backofen nehmen, unbedingt über Nacht ruhen lassen und erst am nächsten Tag aus der Form lösen und anschneiden.

Zum Dekorieren:
Bananenscheiben

Zum Servieren:
Die doppelte Menge an Karamell
vorbereiten und die Hälfte davon
zum Kuchen reichen

Birnen-Magic
mit Haselnüssen und Honig

Für 6 Personen
Zubereitung: 15 Minuten
Backzeit: 50–60 Minuten,
je nach Höhe der
verwendeten Backform
Ruhezeit: mindestens 12 Stunden

• 115 g Haselnuss-
oder Mandelbutter
(im Reformhaus erhältlich)

• 450 ml Soja- oder Mandelmilch

• 4 Eier

• 140 g Honig

• 110 g Mehl

• 2 sehr reife Birnen

1. Die Haselnussbutter mit der Sojamilch auf dem Herd oder in der Mikrowelle erwärmen, bis die Haselnussbutter zerlassen ist. Im Anschluss abkühlen lassen.

2. Die Eier trennen. In einer Schüssel Eigelbe und Honig mit dem Handrührgerät zu einer schaumigen Masse verrühren. Das Mehl hineinsieben und die abgekühlte Milch-Butter-Mischung nach und nach unterrühren.

3. Die Eiweiße mit dem Handrührgerät in einer separaten Schüssel auf höchster Stufe sehr steif schlagen. Eine kleine Menge Eischnee zum Teig geben und mit dem Schneebesen sorgfältig verrühren. Den restlichen Eischnee vorsichtig, aber rasch unterheben.

4. Die Birnen schälen, das Kerngehäuse entfernen und das Fruchtfleisch in Würfel schneiden. Die Hälte des Teigs in die vorbereitete Backform gießen (siehe S. 6), die Birnenwürfel darauf verteilen und diese mit dem restlichen Teig bedecken.

5. Den Backofen auf 155 °C Ober- und Unterhitze (Umluft ist nicht geeignet) vorheizen. Den Teig während der Vorheizphase in der Backform 5–10 Minuten ruhen lassen. Dann 50–60 Minuten im Ofen auf der mittleren Schiene backen. Die Backzeit richtet sich danach, wie hoch die Backform ist.

6. Der Kuchen ist fertig, sobald die oberste Schicht goldbraun ist und die Mitte noch leicht wackelt, wenn man die Backform bewegt. Den Kuchen aus dem Backofen nehmen, unbedingt über Nacht ruhen lassen und erst am nächsten Tag aus der Form lösen und anschneiden.

Zum Dekorieren:
Kurz vor dem Servieren Honig in Gitterlinien auf den Kuchen träufeln
und mit ganzen oder gehackten Haselnüssen bestreuen

Karotten-Magic

Für 6 Personen

Zubereitung: 15 Minuten
Backzeit: 50–60 Minuten,
je nach Höhe der
verwendeten Backform
Ruhezeit: mindestens 12 Stunden

- 200 g Karottenpüree (selbst gemacht oder gekauft)
- 115 g Butter
- 500 ml frische Vollmilch
- 4 Eier
- 130 g brauner Zucker oder Vergeoise-Zucker (karamellisierter Rübenzucker)
- 1 TL frisch geriebener Ingwer
- 3 Prisen frisch geriebene Muskatnuss
- 110 g Mehl
- 50 g Rosinen oder Cranberrys
- 50 g Pekannüsse oder andere Nüsse, zerstoßen
- 1½ TL abgeriebene Schale von 1 unbehandelten Orange

1. Für selbst gemachtes Püree Karotten schälen und 200 g davon abwiegen. Die Karotten in kochendem Wasser oder im Dampfkochtopf ungefähr 20 Minuten garen, bis sie weich sind.

2. Die Butter in Würfel schneiden. Mit der Milch auf dem Herd oder in der Mikrowelle erwärmen, bis die Butter zerlassen ist. Die Karotten dazugeben und mit dem Mixer pürieren, oder das fertige Karottenpüree einrühren. Im Anschluss abkühlen lassen.

3. Die Eier trennen. In einer Schüssel Eigelbe, braunen Zucker, Ingwer und Muskatnuss mit dem Handrührgerät zu einer schaumigen Masse verrühren. Das Mehl hineinsieben und die abgekühlte Karottenmischung nach und nach unterrühren.

4. Die Eiweiße mit dem Handrührgerät in einer separaten Schüssel auf höchster Stufe sehr steif schlagen. Eine kleine Menge Eischnee zum Teig geben und mit dem Schneebesen sorgfältig verrühren. Den restlichen Eischnee vorsichtig, aber rasch unterheben. Den Teig in die vorbereitete Backform gießen (siehe S. 6).

5. Den Backofen auf 155 °C Ober- und Unterhitze (Umluft ist nicht geeignet) vorheizen. Den Teig während der Vorheizphase in der Backform 5–10 Minuten ruhen lassen. Dann mit Rosinen, Nüssen und Orangenschale bestreuen und die Hälfte davon bis in die Teigmitte eindrücken. Den Kuchen 50–60 Minuten im Ofen auf der mittleren Schiene backen. Die Backzeit richtet sich danach, wie hoch die Backform ist.

6. Der Kuchen ist fertig, sobald die oberste Schicht goldbraun ist und die Mitte noch leicht wackelt, wenn man die Backform bewegt. Den Kuchen aus dem Backofen nehmen, unbedingt über Nacht ruhen lassen und erst am nächsten Tag aus der Form lösen und anschneiden.

*Variante: Anstelle von Karottenpüree kann auch Süßkartoffel-
oder Kürbispüree (z. B. Butternuss) verwendet werden.
Beim Mixen darf keine Flüssigkeit zugegeben werden.*

*Zum Dekorieren:
Frischkäseglasur (siehe S. 11),
Karottenchips (siehe S. 9)*

Zum Servieren:
Himbeer- oder Orangencoulis (siehe S. 10)

Nougat-Magic

Für 6 Personen

**Zubereitung: 15 Minuten
Backzeit: 50-60 Minuten,
je nach Höhe der
verwendeten Backform
Ruhezeit: mindestens 12 Stunden**

- 115 g Butter

- 500 ml frische Vollmilch

- 2 Eigelb

- 60 g Zucker

- 110 g Mehl

- 100 g Honig

- 4 Eiweiß

FÜR DIE GARNITUR

- 25 g ganze Pistazien

- 25 g getrocknete Cranberrys

- 25 g Orangenconfit, in Würfel geschnitten (alternativ Orangeat)

- 25 g Mandeln, grob zerstoßen

1. Die Butter in Würfel schneiden. Mit der Milch auf dem Herd oder in der Mikrowelle erwärmen, bis die Butter zerlassen ist. Im Anschluss abkühlen lassen.

2. In einer Schüssel Eigelbe und Zucker mit dem Handrührgerät zu einer schaumigen Masse verrühren. Das Mehl hineinsieben und die abgekühlte Milch-Butter-Mischung nach und nach unterrühren.

3. Den Honig in einem Topf aufkochen lassen. Die Eiweiße mit dem Handrührgerät in einer separaten Schüssel auf höchster Stufe steif schlagen. Bevor der Eischnee ganz fest geworden ist, den heißen Honig langsam unterrühren. Eine kleine Menge Eischnee zum Teig geben und mit dem Schneebesen sorgfältig verrühren. Den restlichen Eischnee vorsichtig, aber rasch unterheben. Den Teig in die vorbereitete Backform gießen (siehe S. 6).

4. Den Backofen auf 155 °C Ober- und Unterhitze (Umluft ist nicht geeignet) vorheizen. Den Teig während der Vorheizphase in der Backform 5-10 Minuten ruhen lassen. Dann mit Pistazien, Cranberrys, Orangenconfit sowie Mandeln bestreuen und die Hälfte davon bis in die Teigmitte eindrücken. Den Kuchen 50-60 Minuten im Ofen auf der mittleren Schiene backen. Die Backzeit richtet sich danach, wie hoch die Backform ist.

5. Der Kuchen ist fertig, sobald die oberste Schicht goldbraun ist und die Mitte noch leicht wackelt, wenn man die Backform bewegt. Den Kuchen aus dem Backofen nehmen, unbedingt über Nacht ruhen lassen und erst am nächsten Tag aus der Form lösen und anschneiden.

Mojito-Magic

Für 6 Personen

Zubereitung: 15 Minuten
Backzeit: 50–60 Minuten,
je nach Höhe der
verwendeten Backform
Ruhezeit: mindestens 12 Stunden

- 115 g Butter
- 400 ml frische Vollmilch
- 4 Eier
- 160 g Zucker
- 2 EL Minzlikör oder weißer Rum
- 6 EL Limettensaft (entspricht etwa 2 Limetten)
- 1 TL abgeriebene Schale von 1 unbehandelten Limette
- 110 g Mehl

1. Die Butter in Würfel schneiden. Mit der Milch auf dem Herd oder in der Mikrowelle erwärmen, bis die Butter zerlassen ist. Im Anschluss abkühlen lassen.

2. Die Eier trennen. In einer Schüssel Eigelbe, Zucker, Minzlikör, Limettensaft und Limettenschale mit dem Handrührgerät zu einer schaumigen Masse verrühren. Das Mehl hineinsieben und die abgekühlte Milch-Butter-Mischung nach und nach unterrühren.

3. Die Eiweiße mit dem Handrührgerät in einer separaten Schüssel auf höchster Stufe sehr steif schlagen. Eine kleine Menge Eischnee zum Teig geben und mit dem Schneebesen sorgfältig verrühren. Den restlichen Eischnee vorsichtig, aber rasch unterheben. Den Teig in die vorbereitete Backform gießen (siehe S. 6).

4. Den Backofen auf 155 °C Ober- und Unterhitze (Umluft ist nicht geeignet) vorheizen. Den Teig während der Vorheizphase in der Backform 5–10 Minuten ruhen lassen. Dann 50–60 Minuten im Ofen auf der mittleren Schiene backen. Die Backzeit richtet sich danach, wie hoch die Backform ist.

5. Der Kuchen ist fertig, sobald die oberste Schicht goldbraun ist und die Mitte noch leicht wackelt, wenn man die Backform bewegt. Den Kuchen aus dem Backofen nehmen, unbedingt über Nacht ruhen lassen und erst am nächsten Tag aus der Form lösen und anschneiden.

....

Zum Dekorieren:
Minzblätter, Mojito-Zucker (siehe S. 8), Limettenspalten ...

....

Magic-Light
mit Orange

Für 6 Personen

Zubereitung: 15 Minuten
Backzeit: 50–60 Minuten,
je nach Höhe der
verwendeten Backform
Ruhezeit: mindestens 12 Stunden

- 115 g Butter
- 500 ml frische Vollmilch
- 4 Eier
- Stevia-Pulver (Die Menge soll 140 g Zucker entsprechen. Die richtige Dosierung, die je nach Marke variieren kann, bitte der Verpackung entnehmen.)
- 1 TL abgeriebene Schale von 1 unbehandelten Orange
- 110 g Mehl

1. Die Butter in Würfel schneiden. Mit der Milch auf dem Herd oder in der Mikrowelle erwärmen, bis die Butter zerlassen ist. Im Anschluss abkühlen lassen.

2. Die Eier trennen. In einer Schüssel Eigelbe, Stevia-Pulver und Orangenschale mit dem Handrührgerät zu einer schaumigen Masse verrühren. Das Mehl hineinsieben und die abgekühlte Milch-Butter-Mischung nach und nach unterrühren.

3. Die Eiweiße mit dem Handrührgerät in einer separaten Schüssel auf höchster Stufe sehr steif schlagen. Eine kleine Menge Eischnee zum Teig geben und mit dem Schneebesen sorgfältig verrühren. Den restlichen Eischnee vorsichtig, aber rasch unterheben. Den Teig in die vorbereitete Backform gießen (siehe S. 6).

4. Den Backofen auf 155 °C Ober- und Unterhitze (Umluft ist nicht geeignet) vorheizen. Den Teig während der Vorheizphase in der Backform 5–10 Minuten ruhen lassen. Dann 50–60 Minuten im Ofen auf der mittleren Schiene backen. Die Backzeit richtet sich danach, wie hoch die Backform ist.

5. Der Kuchen ist fertig, sobald die oberste Schicht goldbraun ist und die Mitte noch leicht wackelt, wenn man die Backform bewegt. Den Kuchen aus dem Backofen nehmen, unbedingt über Nacht ruhen lassen und erst am nächsten Tag aus der Form lösen und anschneiden.

Zum Dekorieren: dünne Orangenscheiben

Zum Servieren: Orangencoulis (siehe S. 10, wobei der Zucker durch Stevia ersetzt wird)

Rosen-Litschi-Magic

Für 6 Personen
Zubereitung: 15 Minuten
Backzeit: 50–60 Minuten,
je nach Höhe der
verwendeten Backform
Ruhezeit: mindestens 12 Stunden

- 200 g Litschis (frisch oder aus der Dose)
- 250 ml frische Vollmilch
- 115 g Butter
- 100 g Sahne
- 4 Eier
- 140 g Zucker
- 110 g Mehl
- natürliches Rosenaroma (Dosierung für 120 g. Packungshinweise beachten, da die Intensität von Marke zu Marke variiert.)
- 1 Msp. rote Lebensmittelfarbe in Pulverform

1. Geschälte oder gut abgetropfte Litschis mit der Milch im Mixer pürieren und, falls erforderlich, durch ein feines Sieb streichen. Die Butter in Würfel schneiden. Mit der Litschimilch und der Sahne auf dem Herd oder in der Mikrowelle erwärmen, bis die Butter zerlassen ist. Im Anschluss abkühlen lassen.

2. Die Eier trennen. In einer Schüssel Eigelbe und Zucker mit dem Handrührgerät zu einer schaumigen Masse verrühren. Das Mehl hineinsieben und die abgekühlte Litschi-Milch-Mischung nach und nach unterrühren.

3. Die Eiweiße mit dem Handrührgerät in einer separaten Schüssel cremig rühren. Rosenaroma und Lebensmittelfarbe hinzufügen und auf höchster Stufe sehr steif schlagen. Eine kleine Menge Eischnee zum Teig geben und mit dem Schneebesen sorgfältig verrühren. Den restlichen Eischnee vorsichtig, aber rasch unterheben. Den Teig in die vorbereitete Backform gießen (siehe S. 6).

4. Den Backofen auf 155 °C Ober- und Unterhitze (Umluft ist nicht geeignet) vorheizen. Den Teig während der Vorheizphase in der Backform 5–10 Minuten ruhen lassen. Dann 50–60 Minuten im Ofen auf der mittleren Schiene backen. Die Backzeit richtet sich danach, wie hoch die Backform ist.

5. Der Kuchen ist fertig, sobald die oberste Schicht goldbraun ist und die Mitte noch leicht wackelt, wenn man die Backform bewegt. Den Kuchen aus dem Backofen nehmen, unbedingt über Nacht ruhen lassen und erst am nächsten Tag aus der Form lösen und anschneiden.

Zum Dekorieren: Kristallisierte Rosenblätter (siehe S. 9), weißer oder rosa Puderzucker

Zum Servieren: Himbeercoulis (siehe S. 10)

Kastanien-Magic

Für 6 Personen
Zubereitung: 15 Minuten
Backzeit: 50–60 Minuten,
je nach Höhe der
verwendeten Backform
Ruhezeit: mindestens 12 Stunden

- 115 g Butter
- 500 ml frische Vollmilch
- 4 Eier
- 140 g Zucker
- 1 TL Vanillepuderzucker (siehe S. 8)
- 60 g Kastanienmehl
- 50 g Maisstärke

1. Die Butter in Würfel schneiden. Mit der Milch auf dem Herd oder in der Mikrowelle erwärmen, bis die Butter zerlassen ist. Im Anschluss abkühlen lassen.

2. Die Eier trennen. In einer Schüssel Eigelbe, Zucker und Vanillepuderzucker mit dem Handrührgerät zu einer schaumigen Masse verrühren. Das Kastanienmehl und die Maisstärke hineinsieben und die abgekühlte Milch-Butter-Mischung nach und nach unterrühren.

3. Die Eiweiße mit dem Handrührgerät in einer separaten Schüssel auf höchster Stufe sehr steif schlagen. Eine kleine Menge Eischnee zum Teig geben und mit dem Schneebesen sorgfältig verrühren. Den restlichen Eischnee vorsichtig, aber rasch unterheben. Den Teig in die vorbereitete Backform gießen (siehe S. 6).

4. Den Backofen auf 155 °C Ober- und Unterhitze (Umluft ist nicht geeignet) vorheizen. Den Teig während der Vorheizphase in der Backform 5–10 Minuten ruhen lassen. Dann 50–60 Minuten im Ofen auf der mittleren Schiene backen. Die Backzeit richtet sich danach, wie hoch die Backform ist.

5. Der Kuchen ist fertig, sobald die oberste Schicht goldbraun ist und die Mitte noch leicht wackelt, wenn man die Backform bewegt. Den Kuchen aus dem Backofen nehmen, unbedingt über Nacht ruhen lassen und erst am nächsten Tag aus der Form lösen und anschneiden.

....

Zur Dekoration: 2 EL Puderzucker mit 2 EL Kakaopulver mischen und über den Kuchen sieben.
Glasierte Kastanien in kleine Stücke schneiden und darauf verteilen.

Zum Servieren: Englische Creme oder Vanilleeis

....

Magic-Lorraine

Für 6 Personen

Zubereitung: 15 Minuten
Backzeit: 50–60 Minuten,
je nach Höhe der
verwendeten Backform
Ruhezeit: mindestens 12 Stunden

- 150 g Bauchspeck (natur oder geräuchert), in kleine Würfel geschnitten
- 4 Eier
- 300 ml Milch
- 200 g Sahne
- 110 g Mehl
- 130 g geriebener Emmentaler
- Salz, frisch gemahlener Pfeffer und Muskatnuss

1. Die Speckwürfel in einer Pfanne bei schwacher Hitze 5 Minuten goldbraun anbraten. Die Eier trennen. In einer Schüssel oder einem hohen Gefäß, das für einen Stabmixer geeignet ist, Milch, Sahne und Eigelbe miteinander vermischen. Mehl und Käse zugeben. Mit Salz, Pfeffer und Muskatnuss würzen und so lange weiterrühren, bis ein sehr cremiger Teig entsteht.

2. Die Eiweiße mit dem Handrührgerät in einer separaten Schüssel auf höchster Stufe sehr steif schlagen. Eine kleine Menge Eischnee zum Teig geben und mit dem Schneebesen sorgfältig verrühren. Den restlichen Eischnee vorsichtig, aber rasch unterheben. Die Hälfte des Teigs in die vorbereitete Backform gießen (siehe S. 6), die Speckwürfel darauf verteilen und diese mit dem restlichen Teig bedecken.

3. Den Backofen auf 155 °C Ober- und Unterhitze (Umluft ist nicht geeignet) vorheizen und den Kuchen etwa 50 Minuten auf der mittleren Schiene backen. Der Magic-Lorraine muss an der Oberfläche fest, aber in der Mitte noch sehr weich sein.

4. Den Kuchen aus dem Backofen nehmen, abkühlen lassen und lauwarm servieren. So ist die Kuchenmitte cremig wie ein Käsesoufflé. Das Rezept kann auch gut am Vortag zubereitet werden. Den Magic-Lorraine kurz vor dem Servieren in der Mikrowelle leicht erwärmen.

Aperitif-Magics
mit Käse

Das Rezept ist das gleiche wie für den Magic-Lorraine (siehe S. 68), wobei unterschiedliche Käsesorten verwendet werden. Zum Backen eine niedrige Backform verwenden. Der pikante Kuchen muss 12 Stunden ruhen und kann dann in mundgerechte Stücke geschnitten werden. Nach Belieben dekorieren und bei Zimmertemperatur zum Aperitif servieren.

Roquefort-Feigen-Magic

Roquefort anstelle von Emmentaler verwenden. Die Speckwürfel durch 75 g getrocknete Feigen, die in kleine Stücke geschnitten werden, ersetzen.
Dekoration: Nusskerne, kleine Feigenstückchen

....

Tomme-Chili-Magic

Tomme aus den Pyräneen anstelle von Emmentaler verwenden. Den Kuchen mit Piment d'Espelette (geräuchertes Chilipulver aus dem Baskenland) bestreuen und dann im Backofen backen.
Dekoration: Chorizostreifen, in Essig eingelegte Perlzwiebeln

....

Ziegenkäse-Magic

Frischen Ziegekäse anstelle von Emmentaler verwenden. Die Speckwürfel durch 75 g Haselnusssplitter ersetzen.
Dekoration: frische Trauben und Haselnüsse

....

Camembert-Magic

150 g Camembert anstelle von Emmentaler verwenden. Die Speckwürfel durch 3 EL geröstete Zwiebel ersetzen.
Dekoration: Grüne Apfelwürfel

© 2015 der französischen Originalausgabe Éditions Larousse
Titel der französischen Originalausgabe: Gateaux Magiques!

Verlagsleitung: Isabelle Jeuge-Maynart und Ghislaine Stora
Redaktionsleitung: Agnès Busière
Redaktion: Julie Mège
Design und Layout: Mathilde Delattre-Josse
Umschlaggestaltung: Émilie Laudrin
Herstellung: Donia Faiz

© der deutschsprachigen Ausgabe 2016
Fackelträger Verlag GmbH, Köln
Emil-Hoffmann-Straße 1
D-50996 Köln

Übersetzung aus dem Französischen: Pia Pons für mcp concept
Redaktion: Susanne Kraus, Oliver Maute, mcp concept
Satz: mcp concept, Kolbermoor
Umschlaggestaltung: Dirk Wagner, Wagner Rexin Gestaltung, Stutensee
Projektleitung: Svenja K. Sammet
Gesamtherstellung: Fackelträger Verlag GmbH, Köln

ISBN 978-3-7716-4634-9
Printed in Spain

www.fackeltraeger-verlag.de